AF590912

ACERCAMIENTO A LA OBRA DE BENITO PÉREZ GALDÓS

Teoría y Actividades para el aula

Emérita Moreno Pavón

ISBN 978-1-84753-651-8

Depósito Legal: BA-512-07

Imagen de la portada: Sello de 8 pesetas, emitido en 1971, con la imagen de Benito Pérez Galdós

Editorial Lulu Enterprises

26-28 Hammersmith Grove

London W6 7BA

Impreso en España - Printed in Spain

Publicaciones Digitales, S.A.

C/ San Florencio, 2.

41018 Sevilla.Spain

ÍNDICE

INTRODUCCION

Pretendiendo que sea una ayuda al estudiante de enseñanza secundaria y bachillerato, me he decido a transmitir, de una manera clara y sencilla, conocimientos de literatura pero sin dejar de lado las obras y los hechos históricos que envuelven a las mismas.

En la obra "Introducción al Realismo y al Naturalismo en la novela del siglo XIX" (ISBN: 978 1-84753-652-5) tratamos a los autores y obras de la novela realista y naturalista desarrollada en el siglo XIX, así como las características más importantes de dichos movimientos literarios, tanto en Europa como en España.

Ahora, en este trabajo profundizamos en la obra del genial novelista canario Benito Pérez Galdós realizando un pequeño resumen de sus principales novelas, así como las características literarias de las mismas.

Proponemos además una serie de textos con actividades destinadas a los alumnos para que apliquen los conocimientos teóricos adquiridos de la lectura de este libro.

1. DATOS BIOGRÁFICOS

Nace en Canarias, en una familia acomodada dominada por la fuerte personalidad de su madre, y se educa en el ambiente liberal de Las Palmas, donde publica ya algunos textos en la prensa local como poesías satíricas, ensayos y algunos cuentos.

En septiembre de 1862, con diecinueve años, marcha a Madrid a estudiar la carrera de Derecho. Allí también conocerá al fundador de la Institución Libre de Enseñanza, Francisco Giner de los Ríos, que le alentó a escribir y le hizo sentir curiosidad por una filosofía, el Krausismo, que marcará fuertemente su primera época novelística (novela de tesis). Pero, de momento, se limita a frecuentar los teatros, acude a leer al Ateneo a los principales narradores europeos en inglés y francés, colabora pronto con diversos periódicos (La Nación, Las Cortes, La Ghiraldo, entre otros). Siete años de periodismo, fueron su escuela literaria y política.

En 1867, con veinticuatro años, viaja en calidad de corresponsal a la Exposición Universal de París. Esto supone su inasistencia a las clases de Derecho y le borran definitivamente de la matrícula en 1868.

Su consagración le llego con ***La fontana de oro*** (escrita en el año revolucionario de 1868, y publicada en 1870)

En 1873 tenía 30 años pero había visto lo suficiente como para concebir una obra sencillamente monumental: contar en novelas la historia de la España del siglo XIX: ***Los Episodios Nacionales***.

Primera Serie (1873-1875)
Segunda Serie (1875-1879)

Desde 1876 escribe y publica simultáneamente novelas y en 1879 ha terminado las dos primeras series de Episodios y la primera parte de su obra novelística, en la que destacan:

Doña Perfecta (1876)
Gloria (1877)
Marianela (1878)
La familia de León Roch (1878)

En 1881, con treinta y ocho años, comienza sus Novelas Contemporáneas con ***La desheredada,*** con la que abre el camino al

Naturalismo en España; en el 82, publica ***El amigo Manso***; en el 83, ***El doctor Centeno***; en el 84, ***Tormento y La de Bringas***; en el 85, ***Lo Prohibido***; en el 87, ***Fortunata y Jacinta***; en el 88, ***Miau;*** en el 89, ***La Incógnita*** y la primera de las novelas de Torquemada: ***Torquemada en la hoguera***. En menos de 10 años ha escrito y publicado 10 novelas sencillamente soberbias.

No hay nada semejante en la literatura de lengua española, ni antes ni después. Y por si fuera poco, triunfa en el teatro apoteósicamente con ***Realidad (1892)***. Clarín le organiza el primer homenaje y escribe su biografía literaria y Juan Valera lo hace académico en 1889 a la edad de 43 años.

Sacaba tiempo para todo: del 92 al 96 puso sitio al teatro: ***La Loca de la casa***, ***La de San Quintín***, ***Los Condenados***, ***Voluntad***, ***La feria***, adaptaciones de ***Doña Perfecta*** y ***Gerona***

No dejó descansar a la novela: ***Angel Guerra*** en el 91; ***Tristana*** en el 92; ***Torquemada en la cruz***, en el 93; ***Torquemada en el Purgatorio***, en el 94; ***Torquemada y San Pedro, Nazarín*** y ***Halma***, en el 95; ***Misericordia*** y ***El Abuelo*** en el 97.

En 1898 rompió con su editor y se va al País Vasco para iniciar con ***Zumalacárregui***, la Tercera Serie de Episodios que acaba en 1900. Ente 1901 y 1912 escribe la cuarta y quinta serie

El Desastre lo angustia como patriota y lo aboca más a la política. Fue diputado a Cortes (1886-1890) por el partido progresista de Sagasta. Sus ideas se radicalizaron a partir del 98 y llega a ser elegido diputado por Madrid (1907 y 1910), formando parte de las filas republicanas.

En 1901, el estreno de ***Electra,*** del que sale a hombros, lo convierte en símbolo político del anticlericalismo.

Los últimos años de su vida se ven ensombrecidos por la ceguera y los apuros económicos; además, la hostilidad de los medios conservadores impiden que se le otorgue el premio Nobel en 1912. Muere en Madrid en 1920

2. LOS EPISODIOS NACIONALES

Los Episodios Nacionales son un conjunto de 46 novelas que ofrecen, en su vertiente humana y política, una visión de la España del siglo XIX, empezando en 1805 con la Batalla de Trafalgar y teniendo como punto y final la restauración de la dinastía borbónica en 1875.

Estas novelas se agrupan en cinco series, con diez episodios por serie, menos la última serie que consta de seis episodios. Se pueden distinguir dos periodos para su constitución: 1873-1879 (primera y segunda serie) y 1898-1912 (tercera, cuarta y quinta serie)

- Primera Serie (1873-1875):

  Sobre la guerra de la Independencia
- Segunda Serie (1875-1879):

  Últimos episodios de la guerra y reinado de Fernando VII
- Tercera Serie (1898-1900):

  Primera guerra carlista y parte de la época de Isabel II
- Cuarta Serie (1901-1907):

  Hasta el destronamiento de Isabel II en 1868
- Quinta Serie (1907-1912):

  Desde el 68 hasta la restauración de Alfonso XII.

En su época, la popularidad le vino precisamente por los "Episodios Nacionales" y no por las novelas.

La realidad de los acontecimientos y personajes históricos de la España del XIX y los personajes de ficción, con sus problemas y conflictos, se mezclan de una manera armoniosa en esta serie de novelas:

Carlos IV, Napoleón, Fernando VII, Zumalacárregui,
Isabel II, Cánovas del Castillo, Pi y Margall se mezclan
con un joven huérfano (Gabriel Araceli), un liberal
perseguido (Salvador de Monsalud), etc.

Con estas novelas, Galdós quiso interpretar el pasado con el fin de llegar a una mejor comprensión del presente. Describió la larga lucha por el progreso, las divisiones que acosaron a España, y el creciente desencanto. Introdujo hábilmente acontecimientos y personajes históricos en la existencia cotidiana de los personajes de ficción.

2.1 PRIMERA SERIE

Los episodios de esta serie, publicados entre 1873 y 1875, se desarrollan en el espacio histórico comprendido entre la batalla de Trafalgar en 1805 y la salida de los franceses de España en 1814. Las novelas que constituyen esta serie son:

- ***Trafalgar***
- ***La Corte de Carlos IV***
- ***El 19 de Marzo y el 2 de Mayo***
- ***Bailén***
- ***Napoleón en Chamartín***
- ***Zaragoza***
- ***Gerona***
- ***Cádiz***
- ***Juan Martín El Empecinado***
- ***La Batalla de los Arapiles***

Comienzan, por tanto, con el episodio ***Trafalgar,*** que narra la batalla naval donde la escuadra franco-española es derrotada por la inglesa a cuya cabeza estaba el famoso almirante Nelson. Se continúa con el reinado de Carlos IV, ***La Corte de Carlos IV;*** la invasión de las tropas napoleónicas, ***El 19 de Marzo y el 2 de Mayo;*** y las luchas de la guerra de la Independencia hasta la derrota de los franceses, ***Bailén, Napoleón en Chamartín, Zaragoza, Gerona, Cádiz, Juan Martín El Empecinado, La Batalla de los Arapiles.***

A excepción de *Gerona*, todos los episodios siguen las andanzas aventureras y amorosas del personaje de ficción, **Gabriel de Araceli,** a través de la España dominada en principio por Francia y luego en la guerra de la Independencia. Gabriel es una especie de pícaro que sirve a varios amos; por su inteligencia es capaz de lograr altos puestos y simbolizar el ideal de clase media española.

Trafalgar es la recreación de la derrota naval hispano-francesa contra los ingleses en 1805. Inicia una serie protagonizada por el muchacho, Gabriel de Araceli, a quien el azar lleva a ser testigo de la gran batalla naval. A través de su mirada casi de niño, se ofrecen objetivamente los perfiles del combate y la personalidad de oficiales heroicos, viejos marinos, familias gaditanas... todo un sector de la España que poblará el conjunto de los Episodios.

> Gabriel de Araceli, está al servicio de don Alonso Gutiérrez de Cisniega, Capitán de navío. Con Marcial –Medio Hombre- y José María Malespina, padre de Rafael, combaten al inglés desde el barco Santísima Trinidad. Capturados por los ingleses, los liberan barcos españoles. Gabriel aprende el heroísmo, el sacrificio y el sentir patriótico.

La Corte de Carlos IV es el nuevo escenario de las andanzas de Gabriel de Araceli, que después del combate de Trafalgar pasa a Madrid. Refleja las intrigas en El Escorial contra Godoy

Gabriel pasa al servicio de Pepa González, cómica, y a Amaranta, madre de Inés, su futuro amor..

En **El 19 de marzo y el 2 de mayo**, las intrigas cortesanas en que se ve envuelto Gabriel de Araceli trascienden del palacio a la calle y refuerzas el malestar popular y el odio al favorito Godoy, situación que culmina en el "Motín de Aranjuez", del que Gabriel es testigo, así como en los inmediatos sucesos que provocan la invasión de España por Napoleón y el ardoroso levantamiento de los españoles

En **Bailén**, Gabriel de Araceli, repuesto de las heridas recibidas en la jornada madrileña del 2 de mayo, es llevado por la trama novelesca a Andalucía, donde tiene ocasión de tomar parte en esta famosa batalla de la Guerra de la Independencia en la que los improvisados ejércitos de Castaños y los "garrochistas"' andaluces derrotaron e hicieron capitular a los ejércitos franceses.

Incorpora a Doña María, Condesa de Rumblar, y a su hijo Diego, cínico prometido de Inés, a quien ésta desprecia por su cobardía cuando fue prisionero de los franceses

En **Napoleón en Chamartín**, de nuevo es Madrid escenario de las aventuras de Gabriel de Araceli. Su amor por Inés lo llevan a la capital de España, a la que se aproximan los ejércitos franceses. Asiste, - y con él los lectores, gracias a la viveza descriptiva del novelista- a la entrada del Emperador en la Villa y Corte.

Gabriel cuida a Inés y defiende Madrid de las tropas napoleónicas que lo hacen prisionero.

Gabriel de Araceli se fuga y se dirige a **Zaragoza** para incorporarse al ejército que se está organizando con fuerzas dispersas. El destino lo lleva a ser uno de los valerosos defensores de la ciudad en el segundo y más fuerte de los sitios. Junto con otros personajes de total creación literaria, Araceli convive con el general Palafox y las demás figuras históricas que realmente intervienen en la gran gesta popular.

El General Palafox protagoniza *Zaragoza* cuya resistencia se narra junto a los tristes amores de Agustín Montoria y Mariquilla Candiola.

La Relación de Andresillo Marijuán, camino de Cádiz, ofrece ***Gerona*** , ciudad defendida por el general Álvarez de Castro. Incluye los amores felices de Siseta Nomdedeu y Andresillo, cercados por el hambre.

En **Cádiz,** Gabriel de Araceli es trasladado a la guarnición de la Isla, desde ella nos hace una narración de las diferentes tendencias de la sociedad, mezcladas con personajes de ficción y protagonistas históricos. Cádiz es el baluarte fundamental de la resistencia frente a los franceses, pero también el hogar del nuevo gobierno español sin Rey y de las diferentes tendencias que surgen en la sociedad. Cádiz es la síntesis de una nueva España en la que se pugna por el deseo de reformar las instituciones, mientras que otros luchan por mantenerlas intactas y por el regreso del príncipe Fernando, sin olvidar nunca la lucha contra el francés.

> Gabriel encuentra personajes de Trafalgar. Asiste a discursos y actos liberales presididos por Quintana o Martínez de la Rosa. El inglés Lord Gray seduce a Asunción, hija de la condesa María, pagándolo caro a Gabriel, que huye con Inés.

De entre las variadas formas que adoptó la lucha contra el invasor francés, **Juan Martín el Empecinado** y los suyos bien pueden encarnar a todos y cada uno de los españoles que abandonaron sus familias y ocupaciones para formar en el ejército espontáneo de la guerrilla. El joven Gabriel Araceli, nos ofrece el retrato histórico de un legendario guerrillero y militar español que luchó por la causa liberal y por la Constitución de 1812. Siendo el primero en levantarse contra la invasión y que murió ejecutado en 1825 por oponerse a la restauración de la monarquía absolutista, ejecución firmada por el propio Fernando VII como pago a toda una vida de servicio.

> Gabriel custodia al hijo del Empecinado. El cura mosén Antón Trijueque, a quien Juan Martin nombró Coronel, intenta venderlo a los franceses y se ahorca, como Judas.

La victoria de las tropas aliadas sobre los ejércitos napoleónicos en **la Batalla de los Arapiles,** en las cercanías de Salamanca, significó un cambio de rumbo irreversible en la Guerra de la Independencia.

> Presenta la guerra en zona leonesa y elogia a Miss Fly, impertinente pero generosa inglesa. Culmina con el matrimonio de Inés y Gabriel, ascendido a General

2.2 SEGUNDA SERIE

Los diez episodios de esta serie se publicaron entre 1875 y 1879. Se desarrollan en el periodo histórico correspondiente al reinado de Fernando VII (1814-1833). Las novelas que la constituyen son:

- ***El equipaje del Rey José***
- ***Memorias de un cortesano de 1815.***
- ***La Segunda Casaca***
- ***El Grande Oriente***
- ***7 de Julio***
- ***Los Cien Mil Hijos de San Luis***
- ***El Terror de 1824***
- ***Un voluntario realista***
- ***Los Apostólicos***
- ***Un faccioso más y algunos frailes menos***

Galdós organiza la trama de todos los episodios a partir del enfrentamiento político entre absolutistas y liberales. Para ello, crea dos personajes: Salvador Monsalud y Carlos Navarro (apodado Garrote). Éstos, representan, desde el simbolismo de sus nombres, las ideologías enfrentadas e irreconciliables del reinado absolutista de

Fernando VII: el liberalismo constitucional y el absolutismo fanático, respectivamente. Ambos personajes son hermanastros, participan activamente en política, están enamorados de la misma mujer. **Salvador de Monsalud** es el personaje conductor en los episodios de esta serie.

Junto a estos protagonistas, en esta serie aparecen otros personajes que representan las inquietudes, deseos, fracasos y frustraciones que fue la España de Fernando VII:

— **Pipaón**, encarna al empleado que quiere mantener su puesto en la Administración a cualquier precio, incluido el del cambio de ideología

— **Benigno Cordero**, representa el progresismo pacífico y sensato

— **Faustino Sarmiento**, es una especie de quijote que enloquece a causa de creerse un adalid de las ideas liberales más exaltadas

Los masones, que empiezan a tener fuerza en España en esta época, también tienen un tratamiento satírico por parte de Galdós en el episodio ***El Grande Oriente***, lo cual le creará bastantes enemigos.

El equipaje del Rey José: Protagonizado por Salvador Monsalud, afrancesado y después liberal, hijo ilegítimo del realista Fernando Garrote, a quien ofrece una muerte digna. Salvador vence a su hermanastro Carlos Navarro, su rival como soldado y como pretendiente de Jenara.

> "El 17 de Marzo de 1813 salieron de palacio algunos coches, seguidos de numerosa escolta, y bajando por Caballerizas a la puerta de San Vicente, tomaron el camino de la puerta de Hierro."

Memorias de un cortesano de 1815: Este relato nos da entrada en el estrambótico mundo de la corte de Fernando VII, dominada por groseros y avispados arribistas que hacen y deshacen, tiran y aflojan cada uno en la medida de sus posibilidades, según los peores usos de la monarquía absoluta.

> Narra las memorias de Juan Bragas -Pipaón-, espía de Fernando VII,

La Segunda Casaca continúa las memorias del inefable Pipaón que articulan el episodio anterior, trazando con idéntico humor la trayectoria que llevó a tantos del más rabioso absolutismo a la militancia liberal y que desembocó en el éxito del levantamiento de Riego.

> Pipaón, fingiéndose liberal para seguir en el poder, libera a Fermina, madre de Salvador Monsalud. Alterna entre liberales y masones y corteja a Jenara, esposa de Carlos Navarro. .

__El Grande Oriente__ recoge, en su título, el nombre de una activa sociedad secreta que intervino poderosamente en los acontecimientos que agitaron la vida política española en el "trienio liberal" (1820 a 1823). Estee periodo está dominado por una agitación política y social en la que siguieron encontrando caldo de cultivo los vicios ancestrales de la sociedad española

> Salvador Monsalud continúa desgranando su azarosa trayectoria civil y sentimental. La novela presenta a masones y comuneros. Destacan el desequilibrado maestro Patricio Sarmiento, los amores de Andrea por Salvador y el de éste por Solita, hija de Urbano Gil de la Cuadra.

7 de Julio es la fecha del levantamiento de los generales Riego y Ballesteros. Quedó como fecha conmemorativa de un triunfo constitucional y popular que no sería tan duradero como pensaron los milicianos nacionales y los oradores de clubs y sociedades que celebraron su victoria sobre la conspiración urdida desde el propio Palacio.

En El 7 de Julio se consolida, entre intrigas y heroismos, como el de Benigno Cordero, el amor de Salvador por Solita.

Los cien mil hijos de San Luis *es la expresión irónica y popular con que fue designado el ejército francés que, a las órdenes del duque de Angulema, invadió España en 1823 para imponer nuevamente, tras el llamado «trienio liberal», el régimen absolutista. Engarzado con la peripecia novelesca, presenciamos el inexorable avance de esta fuerza que acabó con la Constitución gaditana de 1812 en el mismo lugar donde ésta vio la luz.*

Este Episodio *son las memorias de Jenara, cerradas con su detención y expulsión de España.*

El Terror de 1824 contribuyó a mantener el régimen fernandino, persiguiendo implacablemente los brotes de pensamiento liberal. Pasada la época de las grandes gestas populares, la acción –nuevamente situada en Madrid como escenario– se dispersa en hechos menores, de un heroísmo distinto: la conspiración y la muerte por un ideal.

Se cierra un paréntesis en El terror de 1824, entre la ejecución de Rafael del Riego y otra más digna: la de Patricio Sarmiento.

Un Voluntario Realista *personifica en "Tilín" el solsonés, Pepet Armengol, un movimiento producido en la España fernandina, el levantamiento de los que consideraban a Fernando VII y su régimen como blandos y moderados:* La *rebelión de los Apostólicos de 1827.*

Tilín es otro de esos personajes que a Pérez Galdós le gustaba seguir en su paso de niño a hombre, en una existencia trabajosa y difícil: nieto de un sacristán de monjas, recogido por ellas en su orfandad, y al fin voluntario realista en la agitada Catalana de aquellos días.

Hay un enfrentamiento entre el sacristán absolutista Tilín, seductor de Sor Teodora de Aransis, con el caballero catalán Jaime Servet -que resulta ser Salvador-, al servicio de Guimaraens. Relata la rebelión de los Apostólicos (1827) y los remordimientos de Sor Teodora.

Los Apostólicos , recoge el nacimiento de Isabel II y el descontento de los partidarios del príncipe Carlos, como el siniestro Felicísimo Carnicero.

Mientras Benigno Cordero corteja a Solita, Jenara coquetea con Pipaón y la reina defiende a Isabel del ministro Calomarde.

Un faccioso más y algunos frailes menos es un juego de palabras que apunta a dos hechos de diversa magnitud y carácter: el alzamiento carlista y la matanza de frailes de 1834.

Muere Fernando VII. Pipaón se casa con Micaela Carnicero y Carlos y Salvador se enfrentan por última vez, antes de que éste se case con Solita

2.3 TERCERA SERIE

Las dos primeras series de Episodios Nacionales están organizadas a partir de unos personajes que dan coherencia a la trama hasta el punto de poder considerarse los diez episodios de cada una de ellas como una sola novela dividida en diez capítulos. Sin embargo, el elemento común de la tercera serie no son los personajes de ficción sino los hechos históricos en los que se organiza la acción: las guerras carlistas.

Esta serie fue realizada por Galdós entre 1898 y 1900. Los episodios que la constituyen tienen lugar durante la primera guerra carlista, la regencia de María Cristina (1833-1840), la regencia de Espartero (1840-1843) y parte de la época de Isabel II.

- ***Zumalacárregui***
- ***Mendizábal***
- ***De Oñate a La Granja.***
- ***Luchana.***
- ***La campaña del Maestrazgo***
- ***La estafeta romántica.***
- ***Vergara***
- ***Montes de Oca***
- ***Los Ayacuchos***
- ***Bodas reales***

Cada episodio es independiente desde el punto de vista narrativo. Suele tomar como protagonista a un personaje histórico como el general carlista Zumalacárregui o el ministro, famoso por la desamortización de los bienes de la Iglesia, Mendizábal.

Zumalacárregui: Es como una introducción a la tercera serie. Puede leerse de forma independiente, porque, a diferencia de los que ocurre en los nueve restantes, los personajes de este episodio, salvo una pequeña excepción, no reaparecen en los siguientes de la serie.

El eclesiástico aragonés José Fago llena su mediocre existencia militando en las filas de este General carlista, asesinado a traición.

Mendizábal y su célebre "desamortización" en 1836 constituyen el eje de este Episodio. En torno a él empieza a urdirse, asimismo, la trama novelesca que tiene como protagonista a Fernando Calpena y que servirá de hilo conductor a esta tercera serie.

Se presenta las contradicciones de los bandos: lo protagoniza el liberal Fernando Calpena, enamorado de Aurora. En la 1ª guerra carlista (1833-1840), dirigida por el General Córdova, Calpena acabará en prisión, con su amigo Pedro Hillo, por conspiradores.

En ***De Oñate a La Granja*** continúa las guerras carlistas

> Fernando conoce a Demetria y es herido. Un grupo de sargentos se subleva en La Granja.

En ***Luchana*** Galdós dedica un episodio a la victoria liberal de Bilbao, de los liberales bilbaínos ayudados en Luchana por los liberales isabelinos y que el escritor identifica con la victoria cubana y norteamericana.

> Calpena recoge a su amada Aurora, cuidada por la familia Arratia, en Bilbao. A Aurora la conquista Zoilo Arratia, explicando que Fernando murió. Éste encuentra a Espartero y acepta su suerte.

En ***La campaña del Maestrazgo***, Galdós dedica un recuerdo al otro jefe de los carlistas de 1835, el montaraz Ramón Cabrera y sus masacres por los territorios del Maestrazgo. Galdós viene a repetir el argumento de Zumalacárregui con el añadido del componente económico

> Fernando Calpena no consigue su propósito romántico de recuperar a Aurora y ha de seguir madurando su exasperado romanticismo hasta que sea digno de su nueva y sensata

enamorada Demetria (diosa clásica de la fertilidad del campo), hija mayor del anciano quijote español que había dejado enterrado en el campo de batalla dos episodios antes.

Beltrán de Urdaneta, simpático carlista, protagoniza La Campaña del Maestrazgo, por el Ebro, Cataluña y Valencia. Concluye con los dramáticos amores de Nelet y la monja Marcela.

La estafeta romántica refleja la muerte de Larra y los últimos esfuerzos de Carlos V. Es una colección de cartas de Beltrán de Urdaneta, Fernando, su madre Pilar de Loaysa y otros.

Vergara, presenta el fracaso de Rafael Maroto en el País Vasco, frente al éxito de Espartero. Maroto y Espartero se reconcilian, abrazándose.

Fernando reúne a Zoilo con su esposa Aura, que le dará un hijo.

En ***Montes de Oca***, leemos la lucha de este personaje por la causa cristina. El Coronel Ibero intenta salvarlo con su amada Rafela Milagro, pero él prefiere la muerte, ante el asombro del Coronel.

Los Ayacuchos es el nombre de la camarilla de Espartero.

Fernando Calpena toma como esposa a Demetria Castro-Amézaga y persuade a Santiago Ibero de que haga lo mismo con Gracia, hermana de ésta.

Con ***Bodas Reales*** termina la tercera serie, trata de la familia Carrasco y su hija Eufrasia, deshonrada por Emilio Terry. Isabel II contrae nupcias con Francisco de Asís.

2.4 CUARTA SERIE

Los personajes de esta serie se desenvuelven en el periodo comprendido entre las primeras revoluciones del reinado de Isabel II, descritas en el episodio ***Las tormentas del 48,*** y la caída de esta reina tras la revolución de septiembre de 1868, tratada en el episodio ***La de los tristes destinos.***

La serie fue escrita a principios del siglo XX (1901-1907) .y está constituida por los siguientes Episodios Nacionales:

- ***Las tormentas del 48***
- ***Narváez***
- ***Los duendes de la camarilla***
- ***La Revolución de Julio***
- ***O'Donnell***
- ***Aita Tettauen***
- ***Carlos VI en la Rápita***
- ***La vuelta al mundo en la Numancia***
- ***Prim.***
- ***La de los tristes destinos***

La serie tiene como narrador al personaje ficticio del **marqués de Beramendi.** Aparecen personajes históricos importantes: Narváez, O'Donnell, Prim, ... junto con otros personajes de ficción, tal como la **familia Antúnez** que representa el ideal de belleza, inteligencia y trabajo.

Las tormentas del 48, basada en las memorias de José García Fajardo, desinteresado de la política y casado por inercia con María Ignacia Emparán, a la que ama y que lo nombra Marqués de Beramendi.

En ***Narváe***z, continúan las andanzas de Pepe Fajardo, esta vez en medio de la dictadura de Narváez, el célebre "Espadón de Loja"

En el reinado de Isabel II, ***Los Duendes de la Camarilla*** son unos escurridizos personajes clericales que mantienen secuestradas las posibilidades revolucionarias y regenerativas de los españoles.

Galdós usa como hilo conductor a Vicente Halconero. Leemos la triste historia de la ingenua Lucila y el capitán liberal Bartolomé Gracián, a quien ella oculta. Desaparece el capitán con la traidora ex-monja Domiciana. Lucila se casa con Vicente Halconero.

Asistimos al intervalo entre el atentado contra Isabel II con que se cierra Los duendes de la Camarilla y ***la Revolución de Julio*** de 1854 protagonizada por el general O'Donnell.

> Narra los amores de Mita y Ley, la entrada de O'Donnell en Madrid desde Vicálvaro y los escarceos de Bartolomé Gracián con la casada Lucila.

O`Donnell incluye personajes de las novelas contemporáneas preocupados por España, mientras Teresa Villaescusa busca un hombre. Rechazará también a Juan Santiuste, a quien ama.

En ***Aita Tettauen*** seguimos a Juan Santiuste, alias Confusio en la expedición que O'Donnel envía contra Tetuán. La tercera de sus cuatro partes es obra del historiador El Nasiry

> Santiuste lucha en Marruecos, entre compañeros como Pedro Antonio de Alarcón.

En ***Carlos VI en La Rápita***, seguimos las peripecias de Juan Santiuste, alias Confusio, en mitad del Alzamiento carlista de San Carlos de la Rápita.

> Juan Santiuste escribe sus Memorias como una Historia de España sobre lo que debió suceder y no sucedió. Encuentra en Donata la mujer perdida anteriormente. Mientras, los carlistas aclaman a Carlos VI.

La vuelta al mundo en la Numancia fue un hecho glorioso que renovó en el siglo XIX las viejas proezas de los grandes navegantes españoles. Mas el hecho central del periplo fue la intervención de la fragata en la guerra del Pacífico.

> Encontramos de nuevo a Juan Santiuste, alias Confusio, participando en ambos acontecimientos. Diego Ansúrez, que, a la muerte de su esposa, busca a su hija, fugada con el peruano Belisario..

Prim relata las conspiraciones de este general que culminan con la fallida revuelta de 1866, de la mano de Juan Santiuste, alias Confusio, y de la familia del Coronel Ibero

> Santiago Ibero hijo adora al general Prim, Teresa Villaescusa duda entre sus pretendientes y la violencia domina en las calles.

La de los tristes destinos, como se designó alusivamente a Isabel II, llega en este Episodio al fin de sus días como reina de España. Galdós hace revivir los acontecimientos que abocan a la Revolución poniendo vívidamente ante nuestros ojos la trama de conspiraciones que bulle en los últimos tiempos del reinado, los ambientes de los emigrados españoles en París y Londres, las idas y venidas de Prim y, finalmente, la batalla de Alcolea que obliga a la Reina a dejar España y da el triunfo a "la Gloriosa".

> Presenta el triunfo de Prim tras el caos político. Mueren O'Donnell y Narváez. Santiago Ibero huye con Teresa Villaescusa.

2.5 QUINTA SERIE

Esta serie, escrita en el periodo comprendido entre 1907 y 1912, consta sólo de seis episodios. Estos comprenden desde la caída de Isabel II, ***España sin Rey,*** pasando por ***La primera República*** española hasta la restauración borbónica, tratada en ***Cánovas*** El protagonista y narrador de esta serie es un periodista llamado **Tito**. Los seis episodios son:

- ***España sin Rey.***
- ***España trágica.***
- ***Amadeo I.***
- ***La Primera República.***
- ***De Cartago a Sagunto.***
- ***Cánovas.***

El mundo de las ambiciones, de los fanatismos e intransigencias vuelve a manifestarse con diferentes formas de gobierno e incluso de organización del Estado

— En ***Amadeo I*** asistimos a unos enfrentamientos sangrientos que son absurdamente motivados

— En ***La Primera República*** o en ***De Cartago a Sagunto*** observamos el absurdo del extremismo cantonal (Cartagena dispuesta a declarar la guerra a España, Alemania o Inglaterra), la ambición de los políticos y la tentación de los militares por erigirse en salvadores.

España sin rey presenta a Juan de Urríes, amigo del carlista Wifredo de Romarate, prometido a Fernanda, hija de Santiago Ibero. La inestabilidad emocional de Juan -prefiere a Céfora- se corresponde con la ideológica.

En ***España trágica,*** se usal joven Vicente Halconero como conductor, veremos el desarrollo de 1870, que culmina con el asesinato del general Prim y la llegada de Amadeo I a Cartagena.

Fernanda conquista a Vicente Halconero, pero muere de hemoptisis. Otra muerte marca el fin de una España: la del héroe Prim, asesinado el 30 de Diciembre de 1870 por sicarios que conocería Vicente

En ***Amadeo I***, la muerte de Prim, a quien Galdós admira, deprime a España y a Proteo Liviano -Tito-, historiador escéptico, ocioso y mujeriego, guiado por alegorías, como Mariclío, que es la madre Mariana, Celestina, etc. Mientras, el rey Amadeo abandona España.

Tito es una caricatura en ***La Primera República***. No participa en política, pero sí en la expedición del Cantón de Cartagena.

Nada mejora en ***De Cartago a Sagunto*** : de Cartagena Tito marcha contra Carlos VII, coquetea con Leona -la activa- y Chilivistra -la silvestre y compleja-. La Restauración de Alfonso XII hundirá España.

En ***Cánovas*** se mantienen el pesimismo y fracaso anterior. La ceguera de Tito lo aparta de la política.

3 PRIMERAS NOVELAS: NOVELAS DE TESIS

A la vez que compone las dos primeras series de los Episodios Nacionales, (1873-1879), Galdós publica siete novelas que podemos agrupar en dos grandes grupos:

3.1 Novelas con componente histórico

La crítica las considera de tesis por el enfrentamiento entre absolutistas y liberales. Tiene el propósito de reconstruir el pasado reciente para describir los procesos ideológicos, políticos y sociales operantes en la España del 68.

- ***La Fontana de Oro, (1870)***

— El escenario de La Fontana De Oro, café madrileño próximo a la Puerta del Sol y lugar de cita de escritores, artistas y políticos a comienzos del siglo XIX, sirve a Benito Pérez Galdós (1843-1920) para recrear el trienio liberal de 1820-1823.

— Esta novela fue escrita cuando se estaba preparando la revolución de 1868 que destronó a Isabel II y fue terminada poco después de estallar. Es una novela cuya acción transcurre durante el trienio liberal (1820-1823) en el reinado de Fernando VII. Galdós realiza con esta novela un paralelismo de los acontecimientos durante el trienio liberal y los que desembocaron con la revolución de septiembre de 68.

— La novela trata del conflicto entre la minoría del bando liberal en que se encuentra el héroe de la novela, Lázaro, y el régimen reaccionario de Fernando VII (representado por la figura del Coletilla). La acción se vertebra entorno a los amores de Clara, discípula de Coletilla y Lázaro, el protagonista. El lugar de desarrollo de acción será un café.

— Esta obra, introductoria del movimiento Realista en España, presenta un mosaico amplio de la sociedad en la que el dinero es el principal motor.

- ***El audaz : historia de un radical de antaño, (1871)***

— Galdós retrotrae su análisis a 1804 y a los orígenes de la ideología liberal .El héroe liberal, Martín Muriel, de ideas prematuramente avanzadas, pretende implantar en España las ideas de la revolución francesa pero fracasa desesperadamente y se vuelve loco.

— Galdós aparece aquí como un partidario de una transformación más moderada.

3.2 Novelas de tesis propiamente o de su "primera manera" según las denominó Galdós

El exilio de Isabel II supuso el inicio de una etapa, el sexenio democrático, donde había libertad de expresión y pensamiento. Todo esto desapareció con la restauración monárquica de diciembre de 1874. Con el objetivo de manifestar su preocupación por la influencia de la Iglesia en la educación y formas de vida de la sociedad, Galdós publica una serie de novelas donde sus personajes literarios ven truncadas sus vidas la intransigencia de unos preceptos religiosos dogmáticos y ajenos a las necesidades humanas

Tres son las novelas, ***Doña Perfecta, Gloria*** y ***La familia de León Roch,*** donde el autor manifiesta esta preocupación: la lucha entre el individuo moralmente superior y un sistema social marcado por una cruel intolerancia religiosa:

- ***Doña Perfecta, (1876)***

— Trata de la historia de un joven ingeniero de Madrid, Pepe Rey, hombre de ideas liberales, y de su infructuosa lucha con Doña Perfecta y sus aliados clericales y reaccionarios en el estancado ambiente de la provinciana Orbajosa, pequeña ciudad imaginaria castellana.

— Narra la muerte de Pepe Rey en Orbajosa, donde iba a contraer matrimonio con su prima Rosario. En Orbajosa le acecha el caciquismo, la Iglesia y las fuerzas reaccionarias. De acuerdo Pepe con su amigo, el militar Pinzón, descarta raptar a Rosario y muere asesinado por el faccioso Caballuco. La hipocresía de Orbajosa califica de suicidio el crimen cometido.

- ***Gloria, (1877)***

— La tesis de Gloria ilumina las trágicas consecuencias de un conflicto entre dos ideologías religiosas opuestas e irreconciliables, la del judío Morton y la de los Lantigua, católicos intransigentes.

— En la ficticia Ficóbriga, los Lantigua -el obispo Ángel, Juan y su hija Gloria- acogen al náufrago Daniel Morton, de quien ésta se enamora. Morton profesa el judaísmo, lo que bloquea un posible matrimonio. Juan muere al descubrir la situación. Norton marcha a su país.

— En una Segunda Parte, Daniel vuelve a Ficóbriga, donde lo reciben con hostilidad un domingo de Ramos. Morton aparenta renegar de su religión para ganar a Gloria, que, desengañada por la madre de éste, rechaza el matrimonio. Es madre de un hijo a quien Daniel quiere recuperar. Muere Gloria y el niño queda con los Lantigua.

— Morton refleja el anticlericalismo de Galdós, que ataca la hipocresía cristiana.

- ***La familia de León Roch, (1878)***

— León Roch es la victima de un matrimonio mal encaminado. La facilidad con que su mujer, María Sudre (hija de los marqueses de Tellería y católica ortodoxa), incitada por su familia, permite que las consideraciones religiosas afecten a su relación conyugal, termina en el naufragio de su matrimonio y su felicidad

Entre *Gloria* y *La familia de León Roch*, Galdós publicó ***Marianela, (1878)***, que es una obra de carácter sentimental

— Ambientada en Socartes, imaginaria villa cántabra: la huérfana Marianela es el lazarillo de Pablo Penáguilas, hijo ciego de un terrateniente. Nela oculta su amor por él.

— Cuando Teófilo Golfín le devuelva la vista, éste elegirá por esposa a su prima Florentina. Nela, consciente de su fealdad, muere.

La obra enfrenta ciencia y poesía en términos neoplatónicos. El tema de la obra es el triunfo frio e inevitable de la realidad y del progreso científico (Pablo, Teófilo) sobre la imaginación (Marianela).

- ***La sombra ; Celín ;Tropiquillos ; Theros, (1870)***

— La Sombra no tiene nada que ver con el carácter de las novelas anteriores. Es una novela corta del género fantástico, escrita sobre 1866, y representa los primeros pinitos novelescos de Galdós. Galdós redacta Theros en 1883. Es un breve relato fantástico sobre una fogosa mujer, compañera del narrador. Cuando logra su mano, ella desaparece, pues resulta una alegoría del verano. Apareció en La Sombra en la edición de 1890.

— Tropiquillos (1887), paralelo a Theros, presenta un narrador otoñal. Lo anima el Cubas con el encanto dionisiaco de la vendimia y con la mano de su hija, pero despierta tras una penosa borrachera.

— Otro relato fantástico será Celín (1887), enigmático muchacho que disuade a Diana de suicidarse y la invita a los placeres que él mismo, creciendo sorprendentemente, le ofrece. Resulta un sueño alegórico: Celín, convertido en pichón -el Espíritu Santo-, desaparece dejando su mensaje de goce.

Theros, Celín y *Tropiquillos* aparecieron en la segunda edición (1890) de *La Sombra.*

Podemos ver que el punto de partida de Galdós roza la fantasía. Este predominio de la imaginación sobre la realidad fue muy criticado por él en su periodo de madurez. Sin embargo, volvió de un modo creciente en la última fase de su obra

4 NOVELAS CONTEMPORÁNEAS

Así llamó Galdós a esta larga serie de veinticuatro novelas que publicó a partir de 1881, a la que Galdós llamaba **"Su Segunda Manera"**. Se trata de un amplísimo fresco del Madrid de su tiempo.

1881 La desheredada.

1882 El amigo Manso.

1883 El doctor Centeno.

1884 Tormento.

1884 La de Bringas.

1885 Lo prohibido.

1887 Fortunata y Jacinta.

1888 Miau.

1889 La incógnita.

1889 Realidad.

1889 Torquemada en la hoguera.

1891 Ángel Guerra.

1892 Tristana.

1893 Torquemada en la cruz.

1893 La loca de la casa.

1894 Torquemada en el purgatorio.

1895 Torquemada y San Pedro.

1895 Nazarín.

1895 Halma.

1897 Misericordia.

1897 El abuelo.

1905 Casandra.

1909 El caballero encantado.

1915 La razón de la sinrazón.

Casi nada falta: los burgueses adinerados, los nobles arruinados, los burócratas influyentes o cesantes, las pobres gentes,... desfilan por los rincones más variados de Madrid.

En sus páginas se dan cita los sentimientos más nobles y los más mezquinos, el ideal y la bajeza, la picaresca de todos los niveles, la caridad y la avaricia, la ostentación y la mugre, la inocencia y la perseverancia.

Este conjunto de novelas presenta una gran unidad en dos aspectos.

(a) En primer lugar, muchos personajes aparecen en varias de las novelas (unas veces como principales y otras como secundarios).

(b) En segundo lugar, está la unidad de una época, de un ambiente, de una sociedad donde los personajes de ficción aparecen en un contexto histórico preciso, con exactas referencias al acontecer político.

Los rasgos característicos de las novelas contemporáneas de Galdós son:

(1) Existe un cambio de la localización abstracta de los lugares a lo concreto. La acción no se localiza en lugares simbólicos (Orbajosa, Ficóbriga, Socartes) sino que la mayoría se sitúan en Madrid.

(2) Cambia su visión de la sociedad que deja de ser cerrada y jerárquica y se convierte en fluida y cambiante.

> La movilidad social, que caricaturizó en la adquisición de un título nobiliario por Torquemada, empieza a jugar un papel importante en varias novelas

(3) La presentación de los personajes por medio de tendenciosas introducciones biográficas es reemplazada por una presentación a través de indicios.

(4) Presenta una evolución hacia un análisis más profundo de las relaciones domésticas y de la vida psicológica de sus personajes

> Después de *La desheredada* y *El doctor Centeno*, Galdós tiende a localizar sus narraciones dentro de casas particulares (*El amigo Manso, Tormento, La de Bringas, Lo prohibido*).

(5) El diálogo se hace mucho más realista, incluyendo progresivamente modismos y dejes populares.

(6) Hay una creciente utilización de la técnica de reaparición de personajes en distintas novelas, aunque en una escala menor que en *La Comedia Humana* de Balzac, para dar una consistencia cada vez mayor a su mundo de ficción.

(7) Hay un cambio de estilo, tono y tema. Galdós se vuelve más objetivo y discursivo. Las novelas de tesis (basadas en un conflicto dramático, en personajes con motivaciones ideológicas y en el predominio de la cuestión religiosa) ceden paso a novelas que

tienen un propósito didáctico: el de enseñar a los españoles su verdadero carácter para poder contrarrestar lo que Galdós llama en el prologo a *La desheredada*, "las dolencias sociales"; cuyo máximo exponente es el "el engaño de sí mismo" que adolece a la sociedad española.

> "Saliendo a relucir aquí, sin saber cómo ni por qué, algunas dolencias sociales, nacidas de la falta de nutrición y del poco uso que se viene haciendo de los benéficos reconstituyentes llamados Aritmética, Lógica, Moral y Sentido Común, convendría dedicar estas páginas... ¿a quién? ¿al infeliz paciente, a los curanderos y droguistas que, llamándose filósofos y políticos, le recetan uno y otro día?... No; las dedico a los que son o deben ser verdaderos médicos: a los maestros de escuela."

Pasamos, a continuación, a realizar un breve resumen de las Novelas Contemporáneas de Galdós. Teniendo en cuenta un carácter didáctico, vamos a realizar la siguiente subdivisión:

Novelas Centrales:

La Desheredada, El amigo Manso, El doctor Centeno, Tormento, La de Bringas, Lo prohibido, Fortunata y Jacinta.

Novelas Posteriores:

Miau, La incógnita, Realidad, Torquemada, Tristana, La loca de la casa, El abuelo

Novelas de carácter espiritualista:

Ángel Guerra, Nazarín, Halma, Misericordia

Novelas de carácter fantástico o alegórico:

Casandra, El caballero encantado, La razón de la sinrazón.

- ***La deshereda, (1881)***

— Se vinculó inmediatamente con el modelo naturalista propugnado por E. Zola en su *Roman Expérimental*: La herencia genética, el temperamento y el carácter, el influjo del medio.

— Isidora Rufete, una joven victima de sus deseos de grandeza alimentados por su propio padre, un loco que muere en el manicomio de Leganés, y su tío que le hacen creer que es la hija secreta de un aristócrata. Para recuperar su nivel, desprecia empleos, ayudas y el amor de Augusto Miquis. Va de amante en amante para conseguir dinero. Finalmente, la realidad soñada se desmorona y sólo le queda la prostitución como única salida.

La desheredada se diferencia de las novelas anteriores por ambientarse en el presente inmediato: la década de 1870. Galdós marca a sus contemporáneos la senda del Naturalismo con esta historia tremenda. Denuncia el deseo de lujo y de títulos nobiliarios, el horror al trabajo y el despilfarro del español. Presenta capítulos en forma de texto dramático.

- ***El amigo Manso , (1882)***

— Máximo Manso, catedrático de Filosofía en un Instituto madrileño, es estudioso y bonachón. Lo descentra la llegada de su hermano José María con su familia. Educa a sus sobrinos la maestra Irene, a la que ama Máximo.

— La posición de su hermano le hace participar en un acto filantrópico, donde triunfa su discípulo, Manuel Peña, enamorado y correspondido de Irene. Máximo arregla el matrimonio de la pareja y escapa del mundo, retomando su forma espiritual.

En la novela, que trata los problemas de la educación desde la perspectiva del Krausismo, aparecen personajes anteriores: Augusto Miquis, de La Desheredada, u otros de La familia de León Roch.

- ***El doctor Centeno , (1883)***

— Andanzas y desandanzas de Felipe Centeno, personaje secundario de *Marianela* (Celipin) que al final de aquella obra había manifestado sus deseos de convertirse en doctor y salir de la pobreza moral e intelectual que rodeaba a su familia. Estas ansias lo llevarán en su novela a Madrid, donde irá de amo en amo intentando alcanzar el preciado título

— El manchego Alejandro Miquis lo presenta en la escuela del sacerdote Pedro Polo, que humilla al muchacho, llamándolo "Doctor Centeno".

— Despedido, Felipe servirá a Miquis, que, en la Segunda Parte, despilfarra su dinero, su optimismo y su cariño hasta enfermar. Confía en rehacer su vida y la de Felipe en La Mancha. Miquis muere en 1864 entusiasmado por lo que le rodea, entre amigos falsos o cándidos como don José Ido.

- ***Tormento , (1884)***

— Reencontramos a Felipe Centeno. Sirve a Agustín Caballero, rico indiano, enamorado de Amparo Sánchez Emperador, protegida de Rosalía, la de Bringas. Agustín ignora su antiguo idilio con el cura Pedro Polo, que la llama Tormento, pero la perdonará, pese a la cizaña que siembran sus amigos.

— Felipe evita el suicidio de Amparo, que marcha con Agustín a Burdeos en viaje de novios.

Galdós sigue denunciando la hipocresía y crueldad de las clases altas.

- ***La de Bringas, (1884).***

— Rosalía de Bringas está al servicio de la reina Isabel II y viven en los altos del Palacio Real. Milagros, marquesa de Tellería, la encapricha por los vestidos caros. Rosalía contrae deudas que la ceguera de su marido le permite aplazar.

— Logra un préstamo de Torquemada, pero ni sus amigas ni su amante, Manuel del Pez, la ayudarán a devolverlo. Con la Revolución de 1868 debe evacuar el Palacio Real.

De nuevo critica Galdós las pretensiones del pueblo madrileño, en un fondo antimonárquico.

- ***Lo prohibido, (1884-85)***

— Son las Memorias de José María Bueno de Guzmán, residente en Madrid en 1880 y sobrino de Rafael, cuyas tres hijas lo atraen de distinto modo. A la mediana y más bella, Eloísa, casada y madre de un niño, la hará su amante. Al enviudar ella, José la abandona, para obsequiar a la pequeña: Camila, traviesa y maleducada, pero sincera y bondadosa, noble como su marido. El amor a lo prohibido de José María crece con el desprecio de Camila, hasta ignorar a Eloísa en su enfermedad.

— María Juana, la hermana mayor, proyecta su hipocresía con un interés ambiguo hacia su primo, que, al caer por una escalera, queda inválido.

Esta sórdida historia recuerda las calamidades de la aristocracia española: el descuido por los negocios, las fiestas, el lujo y las apariencias ocultan la ruina económica. El dinero pasa de unos a otros dejando una falsa sensación de felicidad.

- ***Miau, (1888)***

— Esta novela surge de un personaje secundario de Fortunata y Jacinta. La historia trata de un funcionario, Ramón Villaamil, que necesita un nombramiento de dos meses para jubilarse con una pensión del Estado.

— Mantiene a "las Miau": a su esposa, a su cuñada, a su hija, a su nieto Luisín (cuya salud precaria lo alucina y cree ver a Dios) y al padre de éste, Víctor, funcionario arribista de malas artes.

— Viendo que nunca logrará el empleo, Vilaamil compromete a su hija (acosada por Víctor) con un novio adinerado, al que ella no quiere, y lleva a su nieto entre sus tíos honrados antes de ganar, suicidándose, su libertad.

En esta novela se trata dos aspectos fundamentales: En primer lugar tenemos los problemas de la Administración de la época; en segundo lugar destacamos que el individuo corriente, el hombre de la calle, es el héroe de una autentica epopeya de la vulgaridad en una España mediocre.

- ***La incógnita , (1889) y Realidad, (1889)***

— La incógnita y Realidad no son primera y segunda parte de una novela, sino dos aspectos de la misma. Son dos novelas que tienen idéntico asunto, personajes, tipos y lugares: la historia del adulterio de Federico Viera y Augusta Orozco.

— Se diferencian en la técnica expositiva empleada:

✓ *La incógnita* está descrita de forma epistolar

✓ *Realidad* está elaborada como pieza teatral,

- **Torquemada:**

Desde 1889, Francisco Torquemada protagoniza cuatro novelas. Es una tetralogía entorno a la figura del usurero, que tiene su encarnación en el personaje Torquemada (ya había aparecido en *Fortunata y Jacinta* y en *Lo prohibido*)

Torquemada en la hoguera, (1889)

— Trata la figura del grosero prestamista y la muerte de su hijo Valentinito, niño prodigio, pese a las desesperadas obras de caridad de su padre.

Torquemada en la Cruz, (1893)

— Al morir Lupe, la de los Pavos, recomienda a Torquemada una de las dos hermanas de cierta familia aristocrática arruinada. Fidela se casa con el usurero, a quien rechaza su ciego y alterado hermano, Rafael del Águila. Éste acepta los hechos, tras un intento de fuga.

— Una boda bochornosa y una enfermedad dejan a Fidela al borde de la muerte.

Torquemada en el Purgatorio, (1894)

— Muestra a Torquemada sometido a su cuñada Cruz, que multiplica sus gastos. El usurero acepta un nombramiento de Senador por León y un título de Marqués de San Eloy, pero sufre ante la posibilidad de ser un marido engañado .Su mujer le es fiel, aunque el hijo de ambos parece anormal.

— Entre compromisos y negocios de Torquemada, su cuñado Rafael, arrepentido de sus odios, se suicida.

Torquemada y San Pedro, (1895)

— El prestamista, anciano, atesora demasiadas riquezas en su palacio de Gravelinas: su familia lo oprime, mientras el capellán Gamborena (a quien llama San Pedro) lo fascina y lo consuela de la muerte de Fidela.

— Torquemada, simple y sanchopanzesco, lega sus tesoros a los necesitados. Al ver que la salvación no se compra, se ofusca y muere entre el arrepentimineto y el rencor.

- ***Tristana, (1892)***

— Tristana es huérfana y vive con el cincuentón Lope de Sosa, que hace de ella su querida. Enamorada del pintor Horacio, desprecia al anciano. Ausente el artista, Tristana enferma y pierde, con la amputación de una pierna, el amor de Horacio.

— Enamorado y feliz, Lope se casa con ella, como pago a sus desvelos.

- ***La loca de la casa, (1893)***

— Es otra novela dialogada. Es una comedia en cuatro actos sobre el matrimonio de Victoria y el grosero Cruz.

— Ella renuncia a su vocación religiosa para salvar la economía familiar. Embarazada, resuelve las desavenencias matrimoniales comprometiendo a Cruz en sus obras de caridad.

— La brutalidad de éste muestra una actitud primitiva y revolucionaria para cambiar la sociedad. La sangre del pueblo -Cruz- se funde con la de la burguesía decadente -Victoria-.

- ***El abuelo, (1897)***

— Tras la muerte de su hijo, Don Rodrigo, el Conde de Albrit regresa de América a su pueblo con el objeto de descubrir cuál de sus dos nietas es la legítima.

— Lucrecia, madre de las dos hijas (Dorotea y Leonor) decide engañar al abuelo diciéndole que Dorotea es su nieta. El abuelo se encariña de la niña y entonces Lucrecia le dice que su nieta realmente es Leonor. El abuelo, finalmente, aprende a querer a sus dos nietas, olvidando el honor.

La novela fue escrita en la madurez literaria de Benito Pérez Galdós. Las ideas liberales se muestran más atenuadas en el tratamiento de Don Rodrigo, el aristócrata y protagonista de la novela .El tema fundamental de la novela es el decadentismo de la clase aristocrática.

5 FORTUNATA Y JACINTA (dos historias de casadas)

Es la obra cumbre y novela más larga de Galdós. Al igual que la Regenta de Clarín, sigue el modelo constructivo de la novela realista presentando varias situaciones que finalmente establecen un entretejido de personajes, cada uno inmerso en sus propias circunstancias, pero entrando en contacto los unos con los otros en determinados momentos en que sus vidas se entrecruzan, tanto en encuentros superficiales como en relaciones profundas

En *Fortunata y Jacinta*, el autor permanece atento al comportamiento de sus personajes, a todas sus peculiaridades, al lenguaje apropiado a su estado y situación, lo que le convierte a cada uno de ellos en único. De esta manera, Galdós crea en esta obra una inolvidable galería de seres humanos: Fortunata, Juan Santa Cruz, Jacinta, Maximiliano Rubín, Evaristo Feijoo, Ido del Sagrario, Torquemada, Aurora,...

Está ambientada en Madrid, en un período comprendido entre diciembre de 1869 y abril de 1876. La obra cuenta los devaneos amorosos de ***Juanito Santa Cruz***, un señorito de familia burguesa, que se relaciona al mismo tiempo con ***Jacinta Arnaiz***, con quien se casa en matrimonio de conveniencia, y con ***Fortunata***, su amor de primeras correrías. *Fortunata y Jacinta* es la historia de dos mujeres que se disputan, cada una a su manera, el amor de Juanito Santa Cruz.

- Juan Santa Cruz es el señorito seductor a quien atrae la aventura; irresponsable, consentido e inmaduro
- Fortunata es una mujer de condición humilde pero con un fuerte carácter y personalidad. Fiel enamorada de Juanito, se considera su verdadera esposa porque ella le ha dada un hijo.
- Maxi Rubín se casa con Fortunata y la abandona en la noche de bodas. Él, sin embargo, la quiere, pero no sabe cómo es, sino como él la imagina. Es de personalidad inestable y enfermiza, acaba internado en un manicomio.
- Jacinta, mujer de carácter débil, esposa de Juan Santa Cruz, es la encarnación del amor conyugal y de la maternidad frustrada, la figura de la mujer madrileña de clase media, esposa buena y sencilla que soporta todos los engaños de su marido.

Partiendo de este argumento general, se nos presenta todo un elenco de personajes que irán cobrando más o menos relevancia en cada una de las cuatro partes en que se divide la obra:

1ª PARTE

Comienza con el matrimonio de Jacinta y Juanito Santa Cruz, hijo único de ricos comerciantes que lo mantienen de las rentas. Juanito confiesa a Jacinta que tuvo un hijo de antiguas relaciones prematrimoniales. Al no ser madre, Jacinta adopta al que cree hijo de su marido. Éste revela que su niño murió. Sabiendo que aquella madre, Fortunata, sigue en Madrid, Juanito renovará sus amores

2ª PARTE

Fortunata acepta casarse con Maximiliano Rubín, enfermizo estudiante de Farmacia, casi impotente, y despreciado por la novia. Maxi vive con su tía Lupe, usurera despótica que acepta este matrimonio si Fortunata se reforma en el convento de las Micaelas. Allí conoce a Mauricia la Dura. La noche de bodas, Juanito Santa Cruz acecha y seduce a Fortunata, que abandona a su marido.

3ª PARTE

Narra el hastío de Juanito por Fortunata y la vuelta con su mujer, mientras se da la Restauración borbónica. Fortunata logra un nuevo amante: el anciano Evaristo Feijoo, que la reconcilia con Maximiliano. Éste, demente y místico, la cree embarazada de un Mesías. En el entierro de Mauricia la Dura, chocan Jacinta y Fortunata, que ante una posible maternidad, se siente legítima esposa de Juanito.

4º PARTE

Maximiliano encuentra a su esposa encinta y protegida por el farmacéutico Segismundo Ballester. Aurora Fenelón sugiere que Jacinta, de quien estuvo enamorado Moreno-Isla, tuvo relaciones con éste médico, pero Fortunata descubre que es ahora la propia Aurora la nueva querida de Santa Cruz. Fortunata, identificada en el dolor con su adversaria, da a luz un niño, que, moribunda, entrega a Jacinta. Ésta desprecia a Juanito y agradece el don que, según Guillermina, manifiesta la Providencia.

Destacamos de la obra de *Fortunata y Jacinta*:

- El sutil concepto de Galdós del Naturalismo: Parte 3ª, Capitulo 6º
- La historia se desarrolla en Madrid (1869-76). Hace alusión a una prehistoria: Parte 1ª
- El narrador es omnisciente ("todo lo ve"), pero a veces se integra como personaje
- Evocaciones costumbristas.
- Se reflejan valores burgueses
- Personajes: Triángulos amorosos, importancia de las genealogías familiares, reaparición de personajes, polarizaciones (Fortunata y Jacinta); personajes locos o tarados (ejemplo: Ido del SAGRARIO, MAXI Rubín).
- Intertextos folletinescos (redención de la pecadora en el caso de Maxi con Fortunata)
- Tema de la apariencia.
- Reflejo de las situaciones orales y la dinámica de la conversacion

6 EL PERIODO ESPIRITUALISTA

A partir de 1890 y 1891 se inicia la etapa espiritualista por influjo de la narrativa rusa, aunque nunca perderá de vista al realismo. Se ve un ligero cambio en la novela galdosiana; suaviza el desenlace de sus obras e incrementa lo espiritual de sus temas: sacrificio, ejemplaridad evangélica o quijotesca, paternidad...

- ***Ángel Guerra, (1891)***

— Trata la evolución de un revolucionario antimonárquico, enfrentado a su madre autoritaria, viudo y amancebado con Dulce. Aunque rico, sólo Leré, niñera de su hija, lo consolará de la muerte de ésta. Leré ingresa en una comunidad religiosa en Toledo. Para seguirla, Ángel abandona a Dulce y a sus familiares, los Babel.

— Este camino lo acerca al catolicismo. Quiere fundar una orden religiosa que logre una Revolución social, piadosa y anarquista para regenerar el país. Los Babel, degenerados, destruyen su labor y causan su muerte.

- ***Nazarín, (1895)***

— Nazario Zaharín, humilde clérigo manchego semita, rompe con la Iglesia y con Madrid por proteger a la criminal Andara. Le consideran santo por curar una niña moribunda. Lo siguen Andara y Beatriz.

— Nazarín domestica al feroz Pedro de Belmonte, atiende en Villamantilla una epidemia de viruela, participa en diversas obras y queda detenido por la Guardia Civil, junto con Andara y Beatriz.

— Predica a sus carceleros y al Sacrílego, delincuente peligroso. Sufre golpes, humillaciones y alucinaciones místicas del tifus en prisión.

- ***Halma , (1895)***

— Halma es la historia de Catalina de Artal, condesa de Halma, que, a la muerte de su marido en Corfú, rompe con la sociedad para fundar una institución de caridad para pobres: La Insula.

— Que Halma proteja a su primo permite a Nazarín (que vive aquí en espera de su libertad) indicarle que su reforma debe ser mundana.

— Halma se casa con su primo para practicar el bien desde la familia y no desde las instituciones (iglesia, ciencia y administración) que buscan dominar su causa.

Halma es la continuación de Nazarín. Son un homenaje a Cervantes y su Quijote

- ***Misericordia, (1897)***

— Benina, una criada abnegada que sigue sirviendo a su señora después de que ésta se haya sumido en la más profunda miseria. Nina mendiga para mantener a su inconsciente señora, doña Paca, y a cuantos pasan necesidad, como el judío marroquí Almudena, ciego y enamorado de Nina.

— Por mendigar, son detenidos ambos, mientras doña Paca recibe una herencia, anunciada por el fantástico cura don Romualdo. Al salir de prisión Nina, doña Paca la ignora. Frasquito de Ponte

Delgado le reprocha su ingratitud y muere. Los remordimientos devoran a la familia de Paca. Su autoritaria nuera pedirá perdón a Nina.

Misericordia analiza de nuevo la moral evangélica y la destartalada sociedad española. Por última vez en sus novelas, Galdós pintará un Madrid fresco y rebosante de vida.

7 EL PERIODO SIMBOLISTA O ALEGÓRICO

En las entradas del siglo XX, Galdós dirige su producción hacia la vena de lo fantástico. Estas obras cerraron la carrera novelesca de Galdós

- ***Casandra, (1905)***

— Galdós vuelve a la novela dialogada con Casandra. Esta novela es un ataque final a la religión mal entendida. Trata sobre la herencia de doña Juana de Samaniego, indeseable viuda de don Hilario, enriquecido por la política.

— Rogelio, hijo ilegítimo de éste, vive con Casandra, que mata a doña Juana por separarla ésta de sus hijos. Rosaura e Ismael son dignos de la herencia.

— Finalmente, Rogelio rechaza un compromiso con la mojigata Casilda y se une en matrimonio con Casandra. Conjura el fantasma de doña Juana.

- ***El caballero encantado , (1909)***

— Sobre el tema de la regeneración nacional. Presenta a Carlos de Tarsis, malcriado señorito madrileño, convertido en Gil, campesino. De pastor lo ilumina la Madre, alegoría de la España Regeneracionista. De picapedrero descubre a Pascuala -Cintia-, antiguo amor encantado que le corresponde. Excava en Numancia (Soria) y rescata a Pascuala, maestra en Calatañazor, matando a un cacique. Gil, detenido, reconoce a la Madre presa.

— Aunque fusilados, la sigue por el Tajo, de donde lo rescatan para una cena y una penitencia de silencio como pez. Purificado, Carlos reconoce en Madrid a Cintia y celebra su Regeneración.

- ***La razón de la sinrazón, (1915)***

— Frase cervantina aplicada al Madrid contemporáneo y caótico. Es una novela en cuatro jornadas. Esta "Fábula teatral absolutamente inverosímil" presenta la locura de Alejandro, Marqués de Rodas, que, ayudado de sus demonios, finge recibir una herencia.

— Como ministro, presenta un proyecto de Ley Agraria, trazado por la encantadora Atenaida, institutriz de los hijos de Dioscoro.

— Tras un cataclismo, Atenaida y Alejandro se rodean de gente humilde en un pueblo donde se regeneran como maestra y labrador.

8 EL TEATRO DE GALDÓS

La obra dramática de Benito Pérez Galdós abarca un periodo que va desde 1892 con el estreno de *Realidad* hasta 1922, dos años después de su muerte, en que los hermanos Álvarez Quintero estrenan *Antón Caballero*.

Treinta años de éxito sobre las tablas que contribuyeron a la renovación del teatro decimonónico mediante la introducción de conceptos, temas y técnicas teatrales novedosas con respecto a la producción dramática del momento.

— Frente a una burguesía que había sentado las bases del drama sobre una moral hipócrita, Pérez Galdós (influenciado por autores europeos como Ibsen y Maeterlink) pone en práctica un teatro más ideológico, preocupado por la estética, el estilo y la profundidad psicológica de los personajes.

— El interés por las tesis regeneracionistas, algo que ya había planteado en algunas de sus novelas, le lleva a la creación de un teatro comprometido con la política, la sociedad y las preocupaciones del público de finales del siglo XIX y principios del XX.

Se trata, pues, de treinta años y más de veinte piezas teatrales que enriquecieron la escena española y suponen el punto de partida de un teatro contemporáneo y moderno que alcanzará su máximo esplendor con autores como Unamuno, Azorín y Valle-Inclán.

Las obras teatrales de Galdón son:

- ***Realidad, (1892***). Drama en cinco actos y en prosa. (Adaptación de la novela)
- ***La loca de la casa, (1893).*** Comedia en cuatro actos y en prosa. (Adaptación de la novela)
- ***Gerona, (1893)***. Drama en cuatro actos.
- ***La de San Quintín, (1894).*** Comedia en tres actos y en prosa.
- ***Los condenados, (1894).*** Drama en tres actos, precedido de un prólogo.
- ***Voluntad, (1895).*** Comedia en tres actos y en prosa.
- ***Doña Perfecta, (1896).*** Drama en cuatro actos. (Adaptación de la novela)

- ***La Fiera, (1896).*** Drama en tres actos.
- ***Electra, (1901).*** Drama en cinco actos.
- ***Alma y Vida, (1902).*** Drama en cuatro actos.
- ***Mariucha, (1903).*** Comedia en cinco actos.
- ***El Abuelo, (1904).*** Drama en cinco actos y en prosa. (Adaptación de la novela)
- ***Bárbara, (1905).*** Tragicomedia en cuatro actos.
- ***Amor y Ciencia, (1905).*** Comedia en cuatro actos.
- ***Pedro Minio, (1908).*** Comedia en dos actos.
- ***Zaragoza, (1908).*** Drama lírico en cuatro actos.
- ***Casandra, (1910).*** Drama en cuatro actos.
- ***Celia en los Infiernos, (1913).*** Comedia en cuatro actos.
- ***Alceste, (1914***). Tragicomedia en tres actos.
- ***Sor Simona, (1915***). Drama en tres actos y cuatro cuadros.
- ***El tacaño Salomón, (1916).*** Comedia en dos actos.
- ***Santa Juana de Castilla, (1918).*** Tragicomedia en tres actos.
- ***Antón Caballero, (1922).*** Comedia en tres Actos.

Electra se hizo famosa porque su estreno dio origen a una autentica batalla política antigubernamental

9 CONCEPTOS DE GALDÓS SOBRE EL NOVELAR

A continuación, mostramos una serie de citas y aclaraciones que muestran los presupuestos de la novela de Galdós

a. LA NEGACION DE LAS FRONTERAS ENTRE GÉNEROS

Galdós dice en el prólogo a *El Abuelo*: "*en toda novela en que los personajes hablan late un forma dramática*". Con la estructura dialogada se logra mostrar directamente los caracteres, desapareciendo el narrador como intermediario entre personaje y lector

Aspectos dramáticos en las novelas: obras fáciles de adaptar al teatro; el propio Galdós siete de sus novelas al teatro, y más de veinte de sus obras, entre novelas y episodios, fueron adaptados por otros autores.

De hecho, el monólogo, el diálogo abundante y las rotundas escenas teatrales acercan las técnicas al teatro

b. TEORÍA Y PRÁCTICA DE UNA NOVELA DE COSTUMBRES CONTEMPORÁNEA

Sus ideas teóricas aparecen en diversos lugares, como en "*Observaciones sobre la novela contemporánea en España*". Indica Galdós hablando de las **novelas por entregas** que el pobre literato anda a salto de mata, de periódico en periódico en busca del sustento necesario

> *El pedido de este lector especialísimo es lo que determina la índole de la novela. Él la pide a su gusto, la ensaya, da el patrón y la medida; y es preciso servirle. (…) El público ha dicho: "Quiero traidores pálidos, (…) adulterios, extremos de amos y odio", y le han dado todo esto (…) sin esfuerzo, -fijándose en las novelas de Dumas o Soulié.*

Para Galdós, la novela por entregas, que bajo el punto de vista económico es una maravilla, es cosa terrible para el arte.

En cambio, cuando leemos las admirables obras de arte que produjo Cervantes y que hoy hace Charles Dickens, decimos: " !Que verdadero parece esto! Parece cosa de la vida. Tal o cual personaje parece que lo hemos conocido."

Necesidad de la novela:

La novela, el más complejo, el más múltiple de los géneros literarios, necesita un círculo más vasto que el que le ofrece una sola jerarquía (...);

Se asfixia encerrada en la perfumada atmosfera de los salones, y necesita otra amplísima y dilatada, donde respire y se agite todo el cuerpo social.

Novela de provincias:

La novela popular es la que únicamente ha sido cultivada con algún provecho, sin duda por las tradiciones de nuestra novela picaresca (...).

Es más fácil retratar al pueblo, porque su colorido es más vivo, su carácter más acentuado, sus costumbres más singulares (...)

En el pueblo urbano, muy modificado ya por la influencia de la clase media, sobre todo en las grandes ciudades, la dificultad es mayor (...).

El pueblo de Madrid es hoy muy poco conocido: se le estudia poco (...).Se equivoca el que cree encontrar a ese pueblo en las obras de Mesonero Romanos (...).

En la novela de costumbres campesinas, Fernán Caballero (Andalucía) y Pereda (Cantabria) han hecho obritas inimitables.

La clase media:

La más olvidada por nuestros novelistas, es el gran modelo (…).

Ella es hoy la base del orden social (…) y en ella está el hombre del siglo XIX con sus virtudes y sus vicios, su noble e insaciable aspiración, su afán de reformas (…)

La novela moderna de costumbres ha de ser la explosión de cuanto bueno y malo existe en el fondo de esta clase.

Novela de costumbres:

No ha aparecido aun en España la gran novela de costumbres, la obra vasta y compleja ha de venir necesariamente (…),

Se manifiesta ya con alguna energía en el sinnúmero de cuadros de costumbres que han visto la luz en los últimos años (…)

De estos cuadros de costumbres nace paulatinamente el cuento, que es aquel mismo cuadro con un poco de movimiento (...) y que representan el primer albor de la gran novela, que se forma de aquellos, apropiándose sus elementos y fundiéndolos todos para formar un cuerpo multiforme y vario, pero complejo, organizado y uno como la misma sociedad.

Observación detallada del natural:

La observación exhaustiva le conduce a cierta práctica naturalista, por ejemplo, en cuanto a la documentación de enfermedades

c. UN NUEVO LENGUAJE

Galdós pretende conciliar el reflejo del lenguaje popular con el literario. Precisamente admiraba a Pereda, según dice en el prólogo a *El sabor de la tierruca*, porque el lenguaje literario se asimila a los matices de la conversación corriente

Se burla de clichés y tópicos y lo satiriza; el cliché puede convertirse, además de en forma de expresión, en forma de pensar, consecuencia realmente grave: así satiriza a los personajes que toman frases de relumbrón de libros o periódicos

d. LA MEZCLA DE LO CÓMICO Y LO TRÁGICO

Esta mezcla es propia del naturalismo español que, con su feliz concierto entre lo serio y lo cómico responde mejor que el francés a la verdad humana. En esto también seguía a Cervantes, según él mismo señaló en alguna ocasión.

e. LA CREACION DE PERSONAJES

La crítica coincide en que los personajes son lo mejor de las novelas de Galdós; este autor es incapaz de escribir una novela corta porque sin darse cuenta, "el asunto va creciendo y creciendo bajo mi pluma"

El papel preponderante de los personajes podría llevarnos a clasificar la mayoría de sus novelas como **"biografías ficticias"**:

Diecisiete títulos o son nombres o incluyen los nombres de los protagonistas (*Fortunata y Jacinta*) o los motes (*Miau)* o un epíteto (*El audaz*) o nombran a los protagonistas por su condición familiar o status (*La de Bringas*, *La desheredada*, *El abuelo*).

Los personajes parecen tan vivos que muchos estudiosos han creído en los **"modelos vivos"** (por ejemplo, el caso de Guillermina Pacheco en *Fortunata y Jacinta*).

Galdós dota a sus principales personajes de una pasión predominante. O más bien de una manía, en la línea de Balzac. Y, además, intenta presentar las contradicciones y los impulsos irracionales del carácter humano.

Un buen número de personajes resulta corresponder a casos patológicos. Expone, además, los síntomas externo de las enfermedades con bastante verosimilitud.

Tiene predilección por dementes como Ldo. del Sagrario, Isidora Rufete (creyéndose la hija de una marquesa - La Desheredada -), Maxi Rubín, etc.

Técnica de reaparición de personajes: (tomada de la *Comedia humana* de Balzac).

No sólo hace reaparecer personajes individuales, sino también se permite historiar una familia, como los Pez, los Lantigua, los tres hermanos Miquis.

Con la reaparición consigue dar impresión de un mundo autónomo, propio, como si los personajes pudiesen independizarse y escapar de unos libros a otros: Así vemos desde distintas perspectivas a cada personaje, y en situaciones diferentes.

Exploración del mundo psíquico de los personajes:

- **Los insomnios**:
  - — Fusión de vigilia y sueño en que el personaje da rienda suelta a su imaginación, da vueltas a un problema u obsesión, buscándole soluciones, etc.
  - — El insomnio permite revelar la intimidad, lo que el personaje no puede expresar en público.

- **<u>Los monólogos</u>**:

— Pueden llegar a mantener un contraste, incluso dramático, entre cómo ven los demás al personaje y cómo es éste en realidad.

— La desproporción que existe entre lo que son y lo que quieren ser, entre lo que quieren y no pueden producen unos efectos tragicómicos.

- **<u>Los sueños:</u>**

— Estos sirven al autor para comunicar datos entrañables del personaje que no podrán ser comunicados de manera consciente.

— También es un estupendo instrumento para ampliar el ámbito novelesco, ya que mediante los sueños puede observarse un hecho desde el plano consciente y desde el inconsciente. A veces son premonitorios.

- **Las alucinaciones:**

  — Situadas en circunstancias de excepcional agitación de la mente; la coartada es el hambre, la embriaguez o cualquier otra causa de apariencia verosímil.

f. ALGUNOS TEMAS BÁSICOS (Apariencia / Realidad)

Galdós muestra un mundo de apariencias que no concuerda con la realidad, como en el Lazarillo de Tormes del Barroco

> Muchos personajes viven de apariencias, más allá de sus posibilidades, como Rosalía de Bringas, o por ejemplo en *Miau*, Pura afirma que se dedica a cocinar para entretenerse y verse libre de criadas, o que su marido busca trabajo por hacer algo y que le sienta mal la ociosidad. En realidad están en la miseria.

El vestir será una manifestación muy clara del "quiero y no puedo" y la cursilería. "Cursi" es un insulto que a menudo aparece en las novelas, para demostrar que se ha desenmascarado a alguien que aparenta lo que no es.

Así Galdós quiere revelar la vaciedad de la vida social y de la política contemporánea.

g. LA EXPERIMENTACIÓN NARRATIVA

Las dos novelas ***La Incógnita*** y ***Realidad*** suponen dos aspectos complementarios en la visión de una realidad; un mismo tema, mismos personajes, etc.

La primera trata la historia según se ve desde fuera, contada por un testigo-narrador del drama. En *Realidad* son los personajes que intervienen los que se expresan directamente en estructura dramática.

En *La Incógnita* se plantea ¿quién mató a Federico Viera?. En *Realidad* se descubre que se mató él, y ahora interesa averiguar las causas.

Esto, sin duda, es influencia de la novela psicológica europea, que atiende más al drama y a cómo lo viven sus protagonistas que al medio

10 ACTIVIDADES PARA EL AULA

1 Haz un cuadro con los acontecimientos políticos e históricos más importantes del siglo XIX español y sitúa en el mismo los siguientes Episodios Nacionales de Galdós

Napoleón en Chamartín, Vergara, Narváez, Los Cien Mil Hijos de San Luis, Bailen, La primera República, El terror de 1824, Carlos VI en la Rápita, La Corte de Carlos IV

2 ¿Cuántas serie conforman los Episodios Nacionales?.Indica a qué serie pertenecen cada unos de los episodios de la pregunta anterior.

3 ¿Cómo se llama el personaje de ficción protagonista de la primera serie de Episodios Nacionales?

4 ¿Qué es una novela de tesis?. Enumera las novelas que Galdós llamó "Mi primera Manera?.

5 ¿Cuáles son los rasgos característicos de las novelas contemporáneas de Galdós?

6 ¿Qué importancia tuvo en la obra de Galdós la novela *La Desheredada*?

7 Enumera las novelas de carácter espiritualista de Galdós.

8 ¿En cuántas partes se divide la obra de Fortunata y Jacinta?. Realiza un resumen de las mismas

9 ¿Qué utilidad tiene la técnica de reaparición de personajes?. Enumera personajes de Galdós que aparecen en distintas novelas e indica cuáles son

LECTURA Nº 1: El avaro Torquemada

Torquemada en la hoguera **es la primera de la tetralogía sobre el mismo personaje, cuyo nombre evoca a don Tomás de Torquemada, inquisidor general del siglo XV. Ahora bien, el Torquemada de Galdós es conocido como el Peor. Es usurero (prestamista que cobra un interés desmesurado) y tacaño, calificado como feroz hormiga, tan obsesionado por el dinero que incluso describía las estrellas como si fueran monedas ("¡Vaya si eran bonitas las estrellas! Las había chicas, medianas y grandes; algo así como pesetas, medios duros y duros."). Con un tono humorístico e irónico, Galdós nos cuenta cómo evolucionó la fortuna del usurero en unos pocos años**

Torquemada no era de esos usureros que se pasan la vida multiplicando caudales por el gustazo platónico de poseerlos, que viven sórdidamente para no gastarlos, y al morirse quisieran, o bien llevárselos consigo a la tierra, o esconderlos donde alma viviente no los pueda encontrar. No; D. Francisco habría sido así en otra época; pero no pudo eximirse de la influencia de esta segunda mitad del siglo XIX, que casi ha hecho una religión de las materialidades decorosas de la existencia. [...] Si bien es cierto, como lo acredita la Historia, que desde el 51 al 68, su verdadera época de aprendizaje, andaba muy mal trajeado y con afectación de pobreza, la cara y las manos sin lavar, rascándose a cada instante en brazos y piernas, cual si llevase miseria; el sombrero con grasa, la capa deshilachada; si bien consta también en las crónicas de la vecindad que en su casa se comía de vigilia casi todo el año y que la señora salía a sus negocios con una toquilla agujereada y unas botas viejas de su marido, no es menos cierto que alrededor del 70 la casa estaba ya en otro pie; que mi doña Silvia se ponía muy maja en ciertos días; que don Francisco se mudaba de camisa más de una vez por quincena; que en la comida había menos carnero que vaca y los domingos se añadía al cocido un despojito de gallina; que aquello de judías a todo pasto y algunos días pan seco y salchicha cruda fue pasando a la historia; [...] que, en suma y para no cansar, la familia toda empezaba a tratarse como Dios manda.

Pues en los últimos años de doña Silvia, la transformación acentuose más. Por aquella época cató la familia los colchones de muelles; Torquemada empezó a usar chistera de cincuenta reales; disfrutaba dos capas, una muy buena, con embozos colorados; los hijos iban bien apañaditos; Rufina tenía un lavabo de los de mírame y no me toques, con jofaina y jarro de cristal azul, que no se usaba nunca por no estropearlo; [...] en fin, que pasito a paso y a codazo limpio, se habían ido metiendo en la clase media, en nuestra bonachona clase media, toda necesidades y pretensiones, y que crece tanto, tanto, ¡ay dolor!, que nos estamos quedando sin pueblo.

Pues, señor: revienta doña Silvia, y empuñadas por Rufina las riendas del gobierno de la casa, la metamorfosis se marca mucho más. A reinados nuevos, principios nuevos. [...] Apechugó con la camisa limpia cada media semana; con el abandono de la capa número dos para de día, relegándola al servicio nocturno; con el destierro absoluto del bongo número tres, que no podía ya con más sebo; aceptó, sin viva protesta, la renovación de manteles entre semana, [...] y no tuvo nada que decir de las modestas galas de Rufina y de su hermanito, ni de la alfombra del gabinete, ni de otros muchos progresos que se fueron metiendo en casa a modo de contrabando.

CUESTIONES

1. El interés del texto está centrado en el personaje de Torquemada, quien parece que toma vida propia, que es alguien al que podemos conocer. Torquemada había aparecido ya en otras novelas de Galdós (*La de Bringas, Fortunata y Jacinta*) como personaje secundario, en el intento del autor de crear un mundo novelesco. Ahora es el protagonista

   (a) Al comienzo se nos señala lo que Torquemada no es. Enumera alguna de sus características.

   (b) Galdós retrata la evolución de Torquemada relacionando el tiempo histórico y el personal. Indica las etapas por las que pasa el protagonista. ¿Qué fecha histórica marca un cambio importante en su transformación?

2. Galdós describe a Torquemada no físicamente, sino por su manera de vivir. El método realista que emplea consiste en relacionar dos planos: el de los objetos y el de las personas.

   (a) ¿En que aspecto de la realidad se fija Galdós?

(b) ¿Qué rasgos de la personalidad de Torquemada quedan de manifiesto?

3. El lenguaje utilizado es vivo y expresivo, con rasgos de la lengua coloquial. Copia en tu cuaderno palabras y expresiones que sean propias de este registro lingüístico.

4. Este lenguaje nos remite a un mundo cotidiano, pero también implica una determinada manera de ver el narrador a sus personajes.

   (a) ¿Qué aptitud adopta el narrador: se siente superior a sus personajes o se pone a su mismo nivel?. Razona la respuesta.

   (b) La ironía y el humor, tan característicos de este texto, ¿en qué se notan?

LECTURA Nº 2: La caridad por interés

Todo le iba bien a Torquemada, hasta que un día su hijo Valentinito, a quien quería con ciega pasión, cae gravemente enfermo. Al usurero se le ocurre una pícara idea: piensa que si comienza a hacer buenas obras logrará que Dios salve a su hijo. Al día siguiente, cuando va a cobrar los alquileres a los inquilinos de su casa, parece otra persona

Al llegar al cuarto de la Rumalda, planchadora, viuda, con su madre enferma en un camastro y tres niños menores que andaban en el patio enseñando las carnes por los agujeros de la ropa, Torquemada soltó el gruñido de ordenanza, y la pobre mujer, con afligida y trémula voz, cual si tuviera que confesar ante el juez un negro delito, soltó la frase de reglamento: «D. Francisco, por hoy no se puede. Otro día cumpliré».

No puedo dar idea del estupor de aquella mujer y de las dos vecinas que presentes estaban cuando vieron que el tacaño no escupió por aquella boca ninguna maldición ni herejía, cuando le oyeron decir con la voz más empañada y llorosa del mundo: «No, hija; si no te digo nada... si no te apuro... si no se me ha pasado por la cabeza reñirte... ¡Qué le hemos de hacer si no puedes!...

-Don Francisco, es que... -murmuró la otra, creyendo que la fiera se expresaba con sarcasmo, y que tras el sarcasmo vendría la mordida.

-No, hija, si no he chistado... ¿Cómo se han de decir las cosas? Es que a ustedes no hay quien las apee de que soy un hombre, como quien dice, tirano... ¿De dónde sacáis que no hay en mí compasión, ni... ni caridad? En vez de agradecerme lo que hago por vosotras, me calumniáis... No, no; entendámonos. Tú, Rumalda, estate tranquila: sé que tienes necesidades, que los tiempos están malos, hijas, ¿qué hemos de hacer sino ayudamos los unos a los otros?

CUESTIONES

1. Analiza el contraste entre las dos facetas de Torquemada: la de usurero y la nueva con que se presenta en la vecindad.

2. El narrador se introduce en un momento del relato en primera persona, como si fuera un personaje más. Localiza la frase e indica qué sentimiento expresa.

3. ¿Qué opinas del cambio que se ha operado en Torquemada?

LECTURA Nº 3: Fortunata y Jacinta

El siguiente texto pertenece al capítulo VI de la cuarta parte de la novela Fortunata y Jacinta

— ¿Onde está el judío ladrón que ha entrado sin mi premiso?, ¡hostia!, que le parto por la metá

El lenguaje de Segunda no desmerecía del de su hermano por la finura ni por lo escogido de las voces, lo que desagradaba extraordinariamente a Ido. Maxi salió a la salita, y José Izquierdo se le cuadró ladrándole así:

— ¡Ah!, era usté. Ora mismo a la calle... brrr... ¡Y que tengo yo un genio mu blando...! Pues si le llego a ver antes ¡hostia!, me caso con la santísima... si le llego a ver antes, por el judío balcón, ¡hostia!, va solutamente a la calle».

CUESTIONES

1. Una característica del Realismo es la creación de un nuevo lenguaje. Analiza el texto y señala esta característica en el mismo.
2. Galdós retreta se personajes mediante la animalización. ¿Encontramos este recurso en el texto?, indica dónde.
3. Las novelas de Galdós tienen por título apodos o nombres propios de sus personajes. En este texto encontramos el nombre de varios personajes utilizados de forma irónica por el autor. Indica cuáles son y por qué Galdós ha elegido ese nombre.

LECTURA Nº 4: Fortunata y Jacinta

El siguiente fragmento pertenece al capítulo II de la segunda parte.

[...] Quedó convenido entre Fortunata y su protector tomar un cuarto que estaba desalquilado en la misma casa. Rubín insistió mucho en la modestia y baratura de los muebles que se habían de poner, porque... (para que se vea si era juicioso) «conviene empezar por poco». Después se vería, y el humilde hogar iría creciendo y embelleciéndose gradualmente. Aceptaba ella todo sin entusiasmo ni ilusión alguna, más bien por probar. Maximiliano le era poco simpático; pero en sus palabras y en sus acciones había visto desde el primer momento la persona decente, novedad grande para ella. Vivir con una persona decente despertaba un poco su curiosidad. Dos días estuvo ocupada en instalarse. Los muebles se los alquiló una vecina que había levantado casa, y Rubín atendió a todo con tal tino, que Fortunata se pasmaba de sus admirables dotes administrativas, pues no tenía ni idea remota de aquel ingenioso modo de defender una peseta, ni sabía cómo se recorta un gasto para reducirlo de seis a cinco, con otras artes financieras que el excelente chico había aprendido de doña Lupe.

Tratando de medir el cariño que sentía por su amiga, Maximiliano hallaba pálida e inexpresiva la palabra querer, teniendo que recurrir a las novelas y a la poesía en busca del verbo amar, tan usado en los ejercicios gramaticales como olvidado en el lenguaje corriente. Y aun aquel verbo le parecía desabrido para expresar la dulzura y ardor de su cariño. Adorar, idolatrar y otros cumplían mejor su oficio de dar a conocer la pasión exaltada de un joven enclenque de cuerpo y robusto de espíritu.

[...] Soñaba con redenciones y regeneraciones, con lavaduras de manchas y con sacar del pasado negro de su amada una vida de méritos. El generoso galán veía los más sublimes problemas morales en la frente de aquella infeliz mujer, y resolverlos en sentido del bien parecíale la más grande empresa de la voluntad humana. Porque su loco entusiasmo le impulsaba a la salvación social y moral de su ídolo, y a poner en esta obra grandiosa todas las energías que alborotaban su alma. Las peripecias vergonzosas de la vida de ella no le desalentaban, y hasta medía con gozo la hondura del abismo del cual iba a sacar a su amiga; y la había de sacar pura o purificada. En aquellas confidencias que ambos tenían, creía Maximiliano advertir en la pecadora un cierto fondo de rectitud y menos corrupción de lo que a primera vista parecía. ¿Se equivocaría en esto? A veces lo sospechaba; pero su buena fe triunfaba al instante de esta sospecha. Lo que sí podía sostener sin miedo a equivocarse era que Fortunata tenía vivos deseos de mejorar su personalidad, es decir, de adecentarse y pulirse. Su ignorancia era, como puede suponerse, completa. Leía muy mal y a trompicones, y no sabía escribir.

Lo esencial del saber, lo que saben los niños y los paletos, ella lo ignoraba, como lo ignoran otras mujeres de su clase y aun de clase superior. Maximiliano se reía de aquella incultura rasa, tomando en serio la tarea de irla corrigiendo poco a poco. Y ella no disimulaba su barbarie; por el contrario, manifestaba con graciosa sinceridad sus ardientes deseos de adquirir ciertas ideas y de aprender palabras finas y decentes. Cada instante estaba preguntando el significado de tal o cual palabra, e informándose de mil cosas comunes. No sabía lo que es el Norte y el Sur. Esto le sonaba a cosa de viento; pero nada más. Creía que un senador es algo del

Ayuntamiento. Tenía sobre la imprenta ideas muy extrañas, creyendo que los autores mismos ponían en las páginas aquellas letras tan iguales. No había leído jamás libro ninguno, ni siquiera novela. Pensaba que Europa es un pueblo y que Inglaterra es un país de acreedores. Respecto del sol, la luna y todo lo demás del firmamento, sus nociones pertenecían - al orden de los pueblos primitivos. Confesó un día que no sabía quién fue Colón. Creía que era un general, así como O'Donnell o Prim. En lo religioso no estaba más aventajada que en lo histórico. La poca doctrina cristiana que aprendió se le había olvidado. Comprendía a la Virgen, a Jesucristo y a San Pedro; les tenía por muy buenas personas, pero nada más. Respecto a la inmortalidad y a la redención, sus primeras ideas eran muy confusas. Sabía que arrepintiéndose uno, bien arrepentido, se salva; eso no tenía duda, y por más que dijeran, nada que se relacionase con el amor era pecado.

Sus defectos de pronunciación eran atroces. No había fuerza humana que le hiciera decir fragmento, magnífico, enigma y otras palabras usuales. Se esforzaba en vencer esta dificultad, riendo y machacando en ella; pero no lo conseguía. Las eses finales se le convertían en jotas, sin que ella misma lo notase ni evitarlo pudiera, y se comía muchas sílabas. Si supiera ella qué bonita boca se le ponía al comérselas, no intentara enmendar su graciosa incorrección. Pero Maximiliano se había erigido en maestro, con rigores de dómine e ínfulas de académico. No la dejaba vivir, y estaba en acecho de los solecismos para caer sobre ellos como el gato sobre el ratón. «No se dice diferiencia, sino diferencia. No se dice Jacometrenzo, ni Espiritui Santo, ni indilugencias. Además escamón y escamarse son palabras muy feas, y llamar tiologías a todo lo que no se entiende es una barbaridad. Repetir a cada instante pa chasco es costumbre ordinaria», etc...

Lo mejorcito que aquella mujer tenía era su ingenuidad. Repetidas veces sacó Maximiliano a relucir el caso de la deshonra de ella, por ser muy importante este punto en el plan de regeneración. El inspirado y entusiasta mancebo hacía hincapié en lo malos que son los señoritos y en la necesidad de una ley a la inglesa que proteja a las muchachas inocentes contra los seductores. Fortunata no entendía palotada de estas leyes. Lo único que sostenía era que el tal Juanito Santa Cruz era el único hombre a quien había querido de verdad, y que le amaba siempre. ¿Por qué decir otra cosa? Reconociendo el otro con caballeresca lealtad que esta consecuencia era laudable, sentía en su alma punzada de celos, que trastornaba por un instante sus planes de redención.

«¿Y le quieres tanto, que si le vieras en algún peligro le salvarías?».

-Claro que sí... me lo puedes creer. Si le viera en un peligro, le sacaría en bien, aunque me perdiera yo. No sé decir más que lo que me sale de entre mí. Si no es verdad esto, que no llegue a la noche con salud.

Se puso tan guapa al hacer esta declaración, que Rubín la miró mucho antes de decir:

«No, no jures; no necesitas jurarlo. Te creo. Di otra cosa. Y si ahora entrara por esa puerta y te dijera: 'Fortunata, ven' ¿irías?».

Fortunata miró a la puerta. Rubín tragaba saliva y buscaba en el sitio donde tenemos el bigote algo que retorcer, y encontrando sólo unos pelos muy tenues, los martirizaba cruelmente.

«Eso... según... -dijo ella plegando su entrecejo-. Me iría o no me iría...».

CUESTIONES

1. Después de leer este fragmento, indica a qué parte de la obra pertenece. ¿De qué modo influyen los hechos que narra en el desarrollo argumental de Fortunata y Jacinta?

2. El narrador de Fortunata y Jacinta es un narrador omnisciente, es decir, aquel que todo lo ve, todo lo sabe y que hace juicios de valor, expresa sus propias opiniones. Lee con atención el texto y señala las intervenciones del narrador omnisciente.

3. El Regeneracionismo es una corriente que pretende "regenerar" el país por medio de la educación. ¿Es quizás Maxi Rubín un representante de esta corriente?. Indica de que modo pretende llevarlo a cabo y con quién.

11 BIBLIOGRAFÍA

- Menéndez Peláez, Jesús, Ignacio Arellano, José M. Caso González y J.M. Martínez Cachero, *Historia de la literatura española, Volumen III, siglos XVIII, XIX y XX,* León: ed.Everest, 1999.

- Menéndez Peláez, Jesús, Ignacio Arellano, José M. Caso González y J.M. Martínez Cachero, *Antología de textos literarios, Volumen IV,* León: ed.Everest, 1999.

- Lloredo Álvarez, Manuel, *El movimiento romántico y el realismo*, Madrid: ed.Santillana, 1990.

- Canavaggio, Jean, *Historia de la literatura española, tomo V, el siglo XIX*, Barcelona: ed.Ariel, 1995.

- Shaw, Donald L., *Historia de la literatura española, 5, El siglo XIX,* Barcelona: ed.Ariel , 1983.

- Martínez Jiménez, José Antonio, *Lengua Castellana y Literatura. 4º ESO,* Madrid: ed.Akal, 1998

- *Blasco, P., Gálvez, J. González, A., Mateos, E. & Mulas, M.ª L., Lengua castellana y literatura 4.º ESO, Madrid:ed.MacGraw-Hill, 2003*

www.ingramcontent.com/pod-product-compliance
Ingram Content Group UK Ltd.
Pitfield, Milton Keynes, MK11 3LW, UK
UKHW051128260726
13967UKWH00010B/2923

9 781847 53651